Alma Flor Ada  F. Isabel Campoy

Celebra el Cuatro de Julio
con Campeón, el glotón

Ilustrado por **Gustavo Mazali**

loqueleo

—¡Vamos de picnic! —dice la madre.

—¿Qué vamos a llevar de merienda? —pregunta Leonor.

—Yo quiero perros calientes —pide Tomás.

—Yo quiero hamburguesa —pide Andrés.

—Yo sólo como pollo —aclara Leonor.

—Prepararé una ensalada —dice la madre.

—¡No lleven tantas cosas! —se queja Julián—.

La canasta va a quedar muy pesada,
¡y a mí me tocará cargarla!

—Jugaremos al béisbol –dice Andrés–.

¿Dónde está el bate?

—Jugaremos al fútbol –dice Tomás–.

¿Dónde está el balón?

—Jugaremos al voleibol –dice Leonor–.

¿Dónde está la red?

—¿Dónde está Campeón?

¡No podemos ir sin Campeón! —dice Anita.

—No vamos a llevar al perro —advierte Julián—.

Seguro que se escapa, ¡y a mí me tocará buscarlo!

—¡Cuánto pesa esta canasta! —dice Julián—.

Por lo menos no tengo que correr detrás de Campeón.

—No hay niños por aquí —se queja Leonor.

—No se puede jugar al béisbol —se queja Andrés.

—Ni al fútbol —se queja Tomás.

—Y yo extraño mucho a Campeón —se queja Anita.

—Vamos a dar un paseo a ver si encontramos
a alguien —propone la madre.

Pero, ¿qué sale de la canasta?

Un hocico gracioso.

¿Y de quién puede ser?

De un perro cariñoso.

¡Sírvanse amigos!
Hay salchichas sabrosas,
ricas piernas de pollo
y hamburguesas jugosas.

—Coman de nuestro sushi.

—Aquí hay falafel y hummus.

—¡Y mucho pollo frito!

Las familias disfrutan
de una gran variedad
de comidas sabrosas,
¡y en buena cantidad!

Y con tantos amigos
los niños saltan
y disfrutan y ríen,
juegan y cantan.

—Aunque seas un glotón,
¡te quiero mucho, Campeón! —dice Anita.

¿Qué es el Cuatro de Julio?

El 4 de julio

es el cumpleaños de Estados Unidos.
Los estadounidenses celebran este día
con una gran fiesta.

Julio

D	L	M	M	J	V	S
						1
2	3	4	5	6	7	8
9	10	11	12	13	14	15
16	17	18	19	20	21	22
23	24	25	26	27	28	29
30	31					

Cuando Estados Unidos se formó, apenas tenía 13 estados. Al comienzo se llamaban "colonias" y eran gobernadas por otro país: Inglaterra.

En 1776, hace muchos, muchos años, las 13 colonias decidieron separarse de Inglaterra. Escribieron sus deseos en un papel que luego se llamó "la Declaración de Independencia". El 4 de julio de ese año, un grupo de personas de las colonias firmaron la Declaración de Independencia.

WASHINGTON

MONTANA

DAKOTA
DEL
NORTE

MINNESOTA

OREGÓN

IDAHO

DAKOTA
DEL SUR

WYOMING

IOWA

NEBRASKA

NEVADA

UTAH

COLORADO

CALIFORNIA

KANSAS

MISSOURI

ARIZONA

OKLAHOMA

ARKANSAS

NUEVO MÉXICO

TEXAS

LUISIANA

ALASKA

HAWAI

Pero Inglaterra no quería
separarse de las colonias.
Por lo tanto, hubo una guerra
entre Inglaterra y las 13 colonias.

MICHIGAN

MAINE

VERMONT

NUEVA HAMPSHIRE

☐ Las 13 colonias

NUEVA
YORK

MASSACHUSETTS
RHODE ISLAND
CONNECTICUT

PENNSYLVANIA

NUEVA JERSEY

OHIO

MARYLAND

INDIANA

Washington, D.C.✪

DELAWARE

ILLINOIS

VIRGINIA
OCCIDENTAL

VIRGINIA

Al final, ganaron las 13 colonias, y decidieron formar juntas un nuevo país al que llamaron "Estados Unidos de América". ¡Mira cuánto ha crecido desde entonces!

KENTUCKY

CAROLINA
DEL NORTE

TENNESSEE

CAROLINA
DEL SUR

MISSISSIPPI

ALABAMA

GEORGIA

FLORIDA

El Cuatro de Julio o Día de la Independencia
es una fiesta tan importante que la mayoría
de la gente no trabaja. Muchos ponen en su
casa la bandera de Estados Unidos y hacen
algo especial para celebrar.

Como este día cae en verano, la mayoría de las actividades se hacen al aire libre y son muy divertidas. Muchas familias van de día de campo o hacen una barbacoa en casa con sus parientes y amigos.

En varias ciudades se hacen desfiles. Las calles se llenan de gente. Marchan bandas, soldados, bomberos, policías, autos antiguos o raros, caballos, gente disfrazada y muchos más. ¡Cada ciudad hace su desfile a su manera!

El desfile de Washington, DC, la capital del país, es uno de los más famosos. Hay bandas, soldados, carrozas, artistas y globos gigantes. La celebración termina con magníficos fuegos artificiales. ¡El 4 de julio es un día fabuloso!

Niños marchando en un desfile del Día de la Independencia
© Ariel Skelley/CORBIS

Niños con disfraces históricos marchando en el desfile del Día de la Independencia en Nevada City, California
© Morton Beebe/CORBIS

Explosión de fuegos artificiales cerca de la Estatua de la Libertad, Ciudad de Nueva York, Nueva York
© Bettmann/CORBIS

El auto del jefe de los bomberos en el desfile del Día de la Independencia en Ojai, California
© Joseph Sohm; ChromoSohm Inc./CORBIS

Detalle de los signatarios de la pintura **La Declaración de Independencia, 4 de julio de 1776** de John Trumbull, Filadelfia, Pennsylvania.
© Bettmann/CORBIS

Una banda marcha en el desfile del Día de la Independencia en Pacific Palisades, California
© Joseph Sohm; ChromoSohm Inc./CORBIS

Documento original de la Declaración de Independencia.
© Joseph Shom; Visions of America/CORBIS

Fuegos artificiales sobre los monumentos nacionales de Washington, DC, en el Día de la Independencia
© Kevin Fleming/CORBIS

Viviendas de oficiales de la Guardia Nacional en San Agustín, Florida.
© William A. Bake/CORBIS

Fuegos artificiales sobre el Arco Gateway de St. Louis, Missouri, en el Día de la Independencia
© Conrad Zobel/CORBIS

Un niño y su padre disfrutan de la barbacoa del abuelo.
© Ariel Skelley/CORBIS

Fuegos artificiales en el Museo de Arte de Filadelfia, Pennsylvania, en el Día de la Independencia
© Bob Krist/CORBIS

Oficiales de la policía forman una pirámide con sus motocicletas durante un desfile del Día de la Independencia en Pacific Palisades, California.
© Joseph Sohm; ChromoSohm Inc./CORBIS

Jinetes cabalgando en el desfile "Estampida de Buffalo Bill en Cody" el Día de la Independencia en Cody, Wyoming.
© Kevin R. Morris/CORBIS

Celebrar y crecer

A lo largo de la historia y en todas partes del mundo, la gente se reúne para celebrar aniversarios históricos, conmemorar a alguna persona admirable o dar la bienvenida a una época especial del año. Detrás de toda celebración está el reconocimiento de que la vida es un don maravilloso y que el reunirnos con familiares y amigos produce alegría.

En una sociedad multicultural como la estadounidense, la convivencia entre grupos tan diversos invita a un mejor conocimiento de la propia cultura y al descubrimiento de las demás. Quien profundiza en su propia cultura se reconoce en el espejo de su propia identidad y afirma su sentido de pertenencia a un grupo. Al aprender sobre las culturas ajenas, podemos observar la vida que se abre tras sus ventanas.

Esta serie ofrece a los niños la oportunidad de aproximarse por primera vez al rico paisaje cultural de nuestras comunidades.

El Cuatro de Julio

Siempre nos ha maravillado el ver las distintas maneras como los estadounidenses celebran su gran fiesta patria en todos los rincones del país.

En Boston, las orillas del río Charles se cubren de mantas para disfrutar un concierto a media tarde. En Atlanta, hay desfiles con uniformes de época. En Pecos, Texas, el cumpleaños de la nación convoca al rodeo más importante del año. En el parque Bayfront de Miami, se realiza un exuberante espectáculo de música y fuegos artificiales. Grupos de amigos y familias pasan el día en la playa, desde Malibú, al sur de California, hasta las riberas del lago Erie, en Cleveland.

De cualquier forma, todos celebran este día tan importante en la historia de Estados Unidos con gran alegría.

Alma Flor Ada y F. Isabel Campoy

Para Natalia Méndez, que tu vida sea siempre una celebración.
FIC & AFA

loqueleo

© This edition:
2016, Santillana USA Publishing Company, Inc.
2023 NW 84th Avenue
Doral, FL 33122
www.santillanausa.com

Text © 2006 Alma Flor Ada and F. Isabel Campoy

Editor: Isabel C. Mendoza
Art Director: Mónica Candelas

Loqueleo is part of the **Santillana Group**, with offices in the following countries:
ARGENTINA, BOLIVIA, CHILE, COLOMBIA, COSTA RICA, DOMINICAN REPUBLIC, ECUADOR,
EL SALVADOR, GUATEMALA, MEXICO, PANAMA, PARAGUAY, PERU, PUERTO RICO, SPAIN,
UNITED STATES, URUGUAY, AND VENEZUELA

Celebra el Cuatro de Julio con Campeón, el glotón
ISBN: 978-1-63113-882-9

Published in the United States of America
Printed by Bellak Color, Corp.

20 19 18 17 16   1 2 3 4 5 6 7 8 9 10

Library of Congress Cataloging-in-Publication Data

Ada, Alma Flor.
     Celebra el cuatro de julio con Campeón, el glotón / Alma Flor Ada,
F. Isabel Campoy; ilustrado por Gustavo Mazali.
     p. cm. — (Cuentos para celebrar)
     Summary. Champ the Scamp hitches a ride in the basket for the
Fourth of July picnic. Includes nonfiction information about the holiday.
     ISBN 1-59820-119-0
     [1. Dogs—Fiction. 2. Picnicking—Fiction. 3. Fourth of July—Fiction.
4. Spanish language materials.] I. Title: Celebra el 4 de julio con Campeón,
el glotón. II. Campoy, F. Isabel. III. Mazali, Gustavo, ill. IV. Title. V. Series.

PZ73.A24325 2005
[E]—dc22   2005031985